Damian Skompinski

Virtualisierung von Computersystemen

I0013294

Damian Skompinski

Virtualisierung von Computersystemen

GRIN Verlag

Bibliografische Information der Deutschen Nationalbibliothek: Die Deutsche Bibliothek
verzeichnet diese Publikation in der Deutschen Nationalbibliografie; detaillierte bibliografische Daten sind im Internet über http://dnb.d-nb.de/ abrufbar.

1. Auflage 2010
Copyright © 2010 GRIN Verlag
http://www.grin.com/
Druck und Bindung: Books on Demand GmbH, Norderstedt Germany
ISBN 978-3-640-69834-9

Virtualisierung von Computersystemen

Fachhochschule für Oekonomie & Management gGmbH
Studiengang Wirtschaftsinformatik (B.Sc.)

IT-Infrastruktur - 3. Semester

Damian Skompinski

Abgabe 29.01.2010

Inhaltsverzeichnis

1 Einleitung

Die Virtualisierung ist zur Zeit eines der zentralen Themen in der IT Branche. Man begegnet ihr in Fachzeitschriften, Büchern und auf Online-Portalen. Überall dort finden sich Beträge und Neuigkeiten rund um die Virtualisierung. Doch die Virtualisierung ist kein neues Thema. Schon 1974 beschäftigten sich Popek und Gutenberg in Ihrer Arbeit „Formal requirements for virtualizable third generation architectures" mit der Virtualisierung.[1] Zwei Jahre zuvor hatte IBM mit der VM/370 erste Erfahrungen in der Virtualisierung gesammelt hat. Auf dieser Hardware lief ein Miniatur-Betriebssystem, ebenfalls VM/370 genannt, das verschiedene virtuelle VM/370 Maschinen erzeugen konnte.[2]

Die folgende Arbeit beschäftigt sich mit dem Konzept der Virtualisierung von Computersystemen (Systemvirtualisierung). Dieses beschreibt ein Modell, in dem ein physikalisches Computersystem durch eine Abstraktionsschicht in eine oder mehrere virtuelle Maschinen unterteilt wird. Diese arbeiten dann als eigenständige, voneinander isolierte Systeme.

1.1 Wahl der Thematik

Gründe für die Wahl der Virtualisierung als Thema waren unter anderem das Bewusstsein über die zunehmende starke Bedeutung in der Informationstechnologie und die Überlegung, welche Themen bzw. Bereiche in der IT Branche zukünftig richtungsweisend sein werden. Ein weiterer Beweggrund ist das persönliche Interesse für dieses Gebiet sowie die Spezialisierung auf die Produkte der Firma VMware, dem führenden Hersteller im Bereich Virtualisierungslösungen. Demzufolge wurde das Thema Virtualisierung für die Hausarbeit gewählt.

1.2 Ziel der Hausarbeit

Ziel der Hausarbeit ist, dem Leser eine umfassende Übersicht über das Thema Virtualisierung zu geben. Es wird zunächst ein Überblick über die Grundlagen geschaffen. Vor diesem Hintergrund wird der Begriff der virtuellen Maschine erklärt sowie auf die Prinzipien und Arten der Virtualisierung eingegangen. Fortgeführt wird die Arbeit durch eine Auseinandersetzung mit den verschiedenen Arten der Virtualisierungsarchitekturen. Darauf aufbauend wird auf die Vor- und Nachteile dieses

Konzeptes eingegangen sowie ein Überblick über den derzeitigen Stand der Technik geschaffen. Im Anschluss werden die Anwendungsbereiche, sowohl im Geschäftsbereich, als auch im Privatbereich dargestellt. Abschließend erfolgt eine Zusammenfassung, in der nochmals auf alle relevanten, dazugehörigen Aspekte eingegangen wird. Die Hausarbeit wird aufzeigen, wie weit aktuell das Konzept der Virtualisierung fortgeschritten ist und dem Leser verdeutlichen, dass das Thema Virtualisierung nicht nur eine Modeerscheinung, sondern ein ernstzunehmendes Konzept darstellt.

2 Grundlagen der Virtualisierung

2.1 Charakteristik einer virtuellen Maschine

Im Bezug auf die Systemvirtualisierung stellt eine virtuelle Maschine ein virtuelles System dar. Der Begriff definiert hierbei eine Software-Implementierung, die ein in sich geschlossenes und vollständiges System darstellt. Diese Implementierung bildet die gesamte Umgebung, die ein physikalisches Computersystem einem Betriebssystem (in nachfolgenden Abbildungen als OS bezeichnet) zur Verfügung stellt, nach. Dank dieser Vollständigkeit der Umgebung kann ein Betriebssystem völlig ohne Programmcode-Änderungen in einer virtuellen Maschine ausgeführt werden. Charakteristische Eigenschaften einer virtuellen Maschine sind:[3]

- Eine virtuelle Maschine stellt ein Abbild eines physikalischen Systems dar. Die Umgebung des virtuellen Systems wird durch eine Abstraktionsschicht generiert. Das darin befindliche Betriebssystem soll sich ebenso verhalten, wie in einem gleichwertigen physikalischen System.

- Die Abstraktionsschicht besitzt die Kontrolle über die virtuelle Maschine. Sie befindet sich auf dem physikalischen System.

- Eine virtuelle Maschine ist völlig eigenständig gegenüber anderen virtuellen Maschinen. Sie besitzt ihren eigenen Arbeitsspeicher, zugeteilte Prozessor-Zeit, virtuelle Datenträger ebenso wie Ein- und Ausgabegeräte.

- Ein Gastbetriebssystem in einer virtuellen Maschine kann auf die anderen virtuellen Maschinen nur in der Art und Weise zugreifen, wie es bei separaten physikalischen Maschinen der Fall ist. Es kann weder direkt auf den Speicher, noch auf weitere

Geräte der anderen Maschinen zugreifen. So wird stets ein hohes Mass an Stabilität und Sicherheit erreicht.

• Eine virtuelle Maschine besitzt, abhängig von der Abstraktionsschicht, immer die gleiche Hardware-Ausstattung. Völlig unabhängig auf welchem physikalischem System die virtuelle Maschine läuft, werden die gleichen Komponenten emuliert. Ausnahmen sind hier die CPU und der Arbeitsspeicher, auf den die virtuelle Maschine unter Kontrolle der Abstraktionsschicht direkt zugreift.

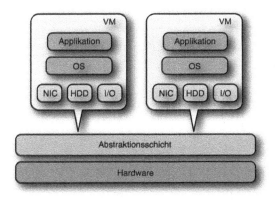

Abb. 1: Charakteristische Eigenschaften einer virtuellen Maschine

2.2 Prinzip der Virtualisierung

Das zentrale Prinzip der Systemvirtualisierung ist die Einführung einer logischen Abstraktionsschicht, die zwischen den tatsächlich vorhandenen Ressourcen und den virtuellen Maschinen vermittelt. Die tatsächlich vorhandenen Ressourcen, also das physikalische System das als Basis für die Virtualisierung, dient wird als Host- bzw. Wirt-System bezeichnet. Es kann vorkommen, dass dabei die Ressourcen gegenüber den virtuellen Maschinen verändert dargestellt werden. So kann eine eventuelle Heterogenität und Inkompatibilität überwunden werden. Bei der Virtualisierung betreibt man also im Kern immer eine Abstraktion vom Speziellen zum Allgemeinen eines Ressourcentyps. Dieses Vorgehen ermöglicht eine Ressource in einzelne Bereiche aufzuteilen und den einzelnen virtuellen Maschinen zur Verfügung zu stellen.

Eine so genannter Virtual-Machine-Monitor (in nachfolgenden Abbildungen als VMM bezeichnet) erzeugt auf dem Host die virtuellen Maschinen. Sie verfügen über alle

notwendigen Elemente wie Prozessor, Arbeitsspeicher, Festplatte, etc. Innerhalb dieses geschlossenen Systems kann ein Betriebssystem gestartet werden, das auf die virtuelle Hardware zugreift, als sei es ein echter Computer, ohne den Unterschied zu bemerken. In der Praxis gestaltet sich diese Aufgabe jedoch erheblich schwieriger. Immerhin gilt es, eine Vielzahl von benötigten Komponenten zu virtualisieren. Da die Abstraktionsschicht auf dem Host den exklusiven Zugriff auf die Hardware behält, kann ein Virtual-Machine-Monitor dem Gastbetriebssystem keinen direkten Zugriff auf die realen Ressourcen gewähren. Deshalb findet das Betriebssystem in der virtuellen Maschine auch eine andere Hardware vor, als tatsächlich im Host verbaut ist. So gibt es eine Reihe von emulierten, virtuellen Hardware Einheiten wie z.b. Chipsatz, Grafikkarte, Festplatten-Controller, Netzwerkkarten, etc.[3, 4]

2.3 Hypervisor

Die Abbildung der real vorhandenen Hardware des Systems wird durch eine Abstraktionsschicht, welche sich zwischen der Hardware und der virtuellen Maschine befindet, realisiert. Diese Abstraktionsschicht wird als Hypervisor bezeichnet. Bei der Virtualisierung stellt der Hypervisor eine Art Aufseher da. Er kontrolliert die virtuellen Maschinen und die darin befindlichen Gastbetriebssysteme (als Gastbetriebssystem wird bei der Systemvirtualisierung das Betriebssystem innerhalb einer virtuellen Maschine bezeichnet). Er kümmert sich um die Kommunikation zwischen den virtuellen Maschinen und den physikalisch vorhandenen Ressourcen. Es ist seine Aufgabe, die Befehle des Gastbetriebssystems, welche z.B. an den Prozessor, den Speicher oder die I/O-Geräte gesendet werden, zu überwachen und ggf. abzufangen. Diese werden dann stellvertretend ausgeführt, oder emuliert, ohne dass das Gastbetriebssystem davon Kenntnis bekommt bzw. beeinflusst wird.[5]

2.3.1 Typ 1 Hypervisor

Bei einem Typ 1 Hypervisor handelt es sich um einen Hypervisor, der direkt auf der Hardware ausgeführt wird. Er wird ebenso als ein „Bare-Metal Hypervisor" bezeichnet. Ein Typ 1 Hypervisor muss also selbstständig mit der Hardware kommunizieren können, was voraussetzt, dass er selbst über die benötigten Treiber verfügt. Der Hypervisor ist in diesem Fall ein stark limitiertes Betriebssystem, welches nur über die notwendigsten

Funktionen verfügt. Dazu zählt unter anderem die Ansteuerung der Hardware, ggf. das Überwachen und modifizieren der Prozessorbefehle des Gastbetriebssystems und das Scheduling der Gastbetriebssysteme. Sein Vorteil ist seine Größe. Durch das Weglassen von unnötigen Komponenten ist er sehr schnell, stabil und bietet zudem weniger Potential für Sicherheitslücken. Im Gegensatz hierzu wird nur spezielle Hardware uneingeschränkt unterstützt und die Bedienbarkeit ist unkonfortabel.[5]

2.3.2 Typ 2 Hypervisor

Der Typ 2 Hypervisor unterscheidet sich insofern vom Typ 1 Hypervisor, als dass er innerhalb eines konventionellen Betriebssystems läuft. Vereinfacht dargestellt wird er also auf z.b. einem Windows XP System als Applikation installiert und führt die virtuellen Maschinen aus. Diese Art des Hypervisors wird auch als „Hosted Hypervisor" bezeichnet. Sie hat in der Kompatibilität bzgl. der zur Verfügung stehenden Ressourcen große Vorteile. Die Virtualisierungsschicht muss hier selbst keine eigenen Treiber für die vorhandene Hardware haben. Alles, was das darunter liegende Betriebssystem ansprechen und verwalten kann, steht auch der Virtualisierung zur Verfügung.

Durch das Betriebssystem auf dem Host entsteht jedoch auch ein entscheidender Nachteil. Zum einen werden durch ihn Ressourcen verbraucht und stehen den virtuellen Maschinen nicht mehr zur Verfügung. Zum anderen ergibt sich hier durch die Vielzahl an möglichen Hardware- und Softwarekonfigurationen auf dem Host, die letztendlich zur Instabilität der Virtualisierung und folglich allen Gastbetriebssystemen führen können.[5]

2.4 Grundlegende Prozessorarchitektur

Für einen x86 Prozessor gibt es grundsätzlich vier Privilegierungsstufen. Diese werden in der Informatik auch als Ringe bezeichnet. Die meisten Privilegien besitzt Ring 0 (Kernelmodus), die wenigsten Ring 3 (Benutzermodus). Abhängig von dem Ring, innerhalb dessen ein Programm (hier zählt auch das Betriebssystem dazu) zur Laufzeit ausgeführt wird, besitzt es bestimmte Rechte oder nicht. Diese Rechte manifestieren sich in der Möglichkeit zur Ausführung von privilegierten Befehlen und der Möglichkeit auf bestimmte Speicherbereiche zuzugreifen. Ein privilegierter Befehl wird mittels Hardware-Traps abgefangen. Ein Trap ist eine spezielle Ausnahme bzw. Ausnahme-behandlung in der Computertechnik (die aber kein Interrupt ist). Das Betriebssystem sitzt normalerweise im Ring 0 und darf selbst privilegierte Befehle ausführen und auf alle

Speicherbereiche zugreifen. Die Applikationen jedoch befinden sich im Ring 3 und haben nur eingeschränkte Rechte. Die Ringe 1 und 2 werden nur sehr selten benutzt. Als Beispiel wäre hier das Betriebssystem OS/2 zu nennen, das die Treiber im Ring 1 ausgeführt hat. Ein Programm, das im Ring 0 läuft kann Einfluss auf Programme im Ring 1-3 nehmen. Umgekehrt ist eine Beeinflussung jedoch nicht möglich.[6]

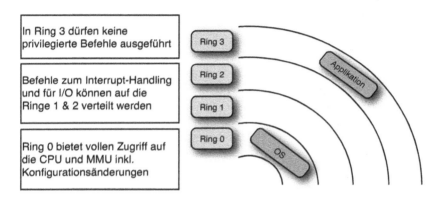

Abb. 2: Ringstruktur eines x86 Prozessors

Das Theorem 1 von Popek und Gutenberg sagt: Für jeden gewöhnlichen Computer mit einer Architektur der 3. Generation kann ein Virtual-Machine-Monitor konstruiert werden, wenn die Menge der sensitiven Instruktionen (Zugriff auf sensitive Register oder Arbeitsspeicherbereiche) dieses Computers eine Teilmenge der privilegierten Instruktionen ist.

Dies bedeutet, dass keine kritischen Instruktionen existieren dürften. Der Zugriff auf Ressourcen auf diese Art und Weise ist nur dem Virtual-Machine-Monitor vorbehalten. Andernfalls könnte ein Gastbetriebssystem seine Virtualisierung erkennen, manipulieren und ggf. umgehen. Diese Privilegierungsstufen spielen für die Virtualisierung ein große Rolle, wie der nachfolgende Gliederungspunkt erörtert.[1]

2.5 Arten der Virtualisierung

Für die Virtualisierung existieren verschiedene Verfahren. Als Erstes ist die Hardware-Emulation zu nennen. Hierbei wird die komplette Hardware eines Systems durch eine Software emuliert. Das erlaubt auch die Installation von Gastbetriebssystemen, die für

eine andere Prozessor-Architektur konzipiert wurden, als der Host in der Realität hat. Durch die rein softwareseitige Lösung ist eine Abbildung fast aller Prozessor-Architekturen möglich und somit auch das Ausführen von fast allen beliebigen Gastbetriebssystemen. Was im ersten Moment vorteilhaft erscheint hat jedoch einen entscheidenden Nachteil. Aufgrund der Tatsache, dass jede Komponente der virtuellen Maschine komplett emuliert werden muss und dazu auch die wichtigste Ressource, der Prozessor gehört, kommt es zu großen Geschwindigkeitseinbußen. Jeder Prozessorbefehl des Gastbetriebs-systems muss in entsprechende Prozessorbefehle des Host-Systems übersetzt werden. Dies ist mit einem hohen Verlust der Performance, welcher im Bereich von 60 - 90% liegt, verbunden.[7]

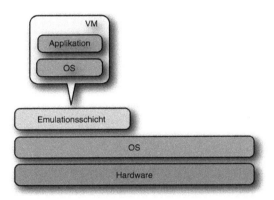

Abb. 3: Darstellung einer Emulation

Als Zweites wäre die Native-Virtualisierung zu nennen. Diese Technik stellt dem Gastbetriebssystem Teilbereiche der physikalischen Ressourcen in virtualisierter Form zur Verfügung, während andere weiterhin emuliert werden. Zu den virtualisierten Ressourcen gehört auch der Prozessor, was dazu führt, dass das Gastbetriebssystem für die gleiche Prozessor-Architektur geschrieben sein muss, die im Hostsystem vorhanden ist. Eine Übersetzung der Prozessorbefehle findet bei diesem Verfahren nicht statt. Durch die Virtualisierung des Prozessors hat das Gastbetriebssystem jedoch direkten Zugriff auf diesen. Hier muss der Hypervisor als Kontrollstruktur eingreifen. Bei der native-Virtualisierung verfolgt man den Ansatz, der das Gastbetriebssystem in den üblicherweise ungenutzten Ring 1 herunterstuft (Depriviligierung), so dass der

Hypervisor in Ring 0 die Steuerungshoheit für die physikalischen Ressourcen und damit auch den Prozessor behält. Leider besitzt dieser Ansatz eine kleine Lücke. In den Prozessorgenerationen vor 2006 gibt es die Möglichkeit insgesamt 17 sensitive, unprivilegierte Instruktionen (den Zustand der Maschine ändernden) auszuführen. Dazu gehören unter anderem bestimmte Zugriffe auf Register (z.B. die Befehle SGDT, SIDT) oder Zugriffe, die Schutzmaßnahmen verletzen, wie Direktzugriffe auf Stack, physischen Speicher oder auch einige Sprünge (z.b. PUSHF, POPF, CALL, JMP). Abhilfe schafft hier ein Verfahren, welches „Binary Translation" genannt wird. Hierbei trägt der Hypervisor dafür Sorge, dass diese Prozessorbefehle abgefangen und stellvertretend für das Gastbetriebssystem ausgeführt werden, bzw. umgeschrieben und dann ausgeführt werden. Wird dieser Umstand vernachlässigt, könnte das Gastbetriebssystem die komplette Kontrolle über den Prozessor (oder auch den Speicher) erlangen und würde das gesamte System (inkl. Host und anderen virtuellen Maschinen) funktionsunfähig machen.[8]

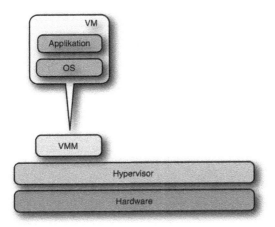

Abb. 4: Darstellung einer native-Virtualisierung mit einem Typ 2 Hypervisor

Zuletzt muss noch auf die Paravirtualisierung eingegangen werden. Hier wird wie bei der native-Virtualisierung ein Hypervisor als Kontrollstruktur eingesetzt. Der Unterschied ist jedoch, dass das Gastbetriebssystem in Kenntnis davon ist, dass es sich innerhalb einer virtuellen Maschine befindet. Dafür muss das Gastbetriebssystem, genauer gesagt sein Kernel, modifiziert werden. Dies stellt bei Closed Source Betriebssystemen ein Problem

dar, da diese Anpassung hier durch den Hersteller erfolgen muss. Das modifizierte Betriebssystem muss in der Lage sein, Befehle an den Prozessor abzugeben, ohne Einfluss auf andere Systeme auf dem gleichen Host zu nehmen. Dies geschieht dadurch, dass das Betriebssystem nicht mehr direkt mit den physikalischen Ressourcen, sondern durch so genannte „Hypercalls" mit den Schnittstellen des Hypervisors kommuniziert. Das Betriebssystem läuft dabei im Ring 1 oder 3. Durch diese Fähigkeit des Gastbetriebssystems muss der Hypervisor die privilegierten Befehle nicht mehr abfangen und übersetzen, was sich in weniger Overhead und einer gesteigerten Systemleistung widerspiegelt.[2]

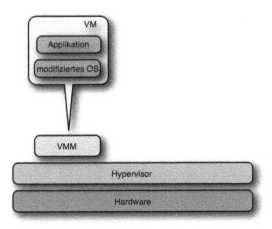

Abb. 5: Darstellung einer Paravirtualisierung mit einem Typ 2 Hypervisor

3 Vor- und Nachteile der Virtualisierung

In diesem Kapitel werden die Vor- und Nachteile der Virtualisierung aufgezeigt. Betrachtet man den aktuellen Stand der Entwicklung so wird man feststellen, dass es nicht ausschließlich positive Eigenschaften der Virtualisierung gibt. Im praktischem Einsatz der letzten Jahre haben sich auch Problemfelder erkenntlich gemacht. Trotz dieser negativen Aspekte bleibt festzustellen, dass die positiven Merkmale der Virtualisierung überwiegen. Nachstehend werden die verschiedenen Vor- und Nachteile der Virtualisierung dargestellt und kurz erörtert.

3.1 Vorteile der Virtualisierung

• identische Hardware

In der virtualisierten Umgebung, genauer gesagt innerhalb der virtuellen Maschine, bleibt die Hardware immer gleich. Sie ändert sich nur, wenn der Hypervisor ersetzt wird. Durch die daraus entstehende Unabhängigkeit von der real vorhandenen Hardware wird die Administration stark entlastet. Im Falle eines Hardwareausfalls muss diese nicht mehr durch baugleiche Komponenten ausgetauscht werden, um den Betrieb ohne Änderungen an der Konfiguration fortzuführen. Die virtuelle Maschine kann unverzüglich auf einen anderen Host migriert werden und dort ihren Betrieb fortsetzen. Durch die ständig identische Hardware der virtuellen Machine ergibt sich ein weiterer Vorteil für die Administration. Innerhalb der virtuellen Maschinen ist nur eine Hardware-Ausstattung zu finden. Diese bleibt zudem für die virtuellen Maschine immer gleich, ausgenommen der Hypervisor wird komplett ersetzt. Es fallen somit Updates innerhalb der virtuellen Maschine im Bezug auf Treiber und Firmware der einzelnen Komponenten weg. Treiber werden einmalig bei der Installation der virtuellen Maschine eingespielt. Firmware wird einmal auf dem Host aktualisiert und steht allen virtuellen Maschinen zur Verfügung.

• bessere Auslastung der Systeme

Laut der Studien „How IT Management Can "Green" the Datacenter" des Unternehmens Gartner, Inc. beträgt die durchschnittliche Auslastung eines x86 Servers 5 - 10%, gerechnet auf 24 Stunden.[9] Dank der Virtualisierung kann die Auslastung auf bis zu 80% angehoben werden. Erreicht wird dies durch Konsolidierung. Auf einem Host läuft nicht nur ein System, sondern es laufen mehrere virtuelle Maschinen. Dies hat zur Folgen, dass die Auslastung der physikalischen Hardware steigt. Durch die Konsolidierung werden Kosten in den Bereichen Hardware und Energie gespart. Aber auch die Kosten für den Serverraum können reduziert werden. Das ergibt sich aus der geringen Kühlleistung und dem niedrigeren Platzbedarf, welcher aufgrund der Virtualisierung entsteht.

• neue Sicherheitslösungen

Dank der Virtualisierung stehen neue Sicherheitskonzepte für Rechenzentren zur Verfügung. Konzepte der Firma VMware z.B. erlauben eine ständige Überwachung der Aktivität einer virtuellen Maschine. Sollte diese ausfallen, wird sie neugestartet. Fällt der Host aus, auf dem sie läuft, übernimmt ein anderer Host im Verbund diese Funktion

und startet die virtuelle Maschine auf seiner Hardware neu. Dieses Konzept nennt VMware „High Availability". Einen Schritt weiter geht VMware mit „Fault Tolerance". Hier wird eine virtuelle Maschine gleichzeitig auf zwei Hosts ausgeführt. Jeder Befehl den die primäre virtuelle Maschine ausführt, wird auch auf dessen sekundären Kopie ausgeführt. Fällt der Host, der die primäre Maschine ausführt aus, so übernimmt der Host der die sekundäre Maschine ausführt die Kontrolle. So kann ein Ausfall eines wichtigen Systems ohne Datenverlust mit nur einem Verlust von wenigen Millisekunden aufgefangen werden. Ähnliche Konzepte sind auch von anderen Herstellern von Virtualisierungslösungen entwickelt worden. Die Darstellung der VMware Lösung soll hier nur beispielhaft sein.

• Snapshots

In der Virtualisierung ist das Betriebsystem der virtuellen Maschine nicht mehr die höchste Instanz auf der physikalischen Hardware. Der Hypervisor überwacht und kontrolliert die virtuellen Maschinen. Dank dieser Eigenschaft können so genannte Snapshots, zu deutsch Abbilder, erstellt werden. Ein Snapshot bezeichnet einen eingefrorenen Zustand einer virtuellen Maschine. Dieser beinhaltet den kompletten Inhalt der Festplatte und des Arbeitsspeichers. Die virtuelle Maschine kann jeder Zeit diesen Zustand wieder annehmen. Jede Änderung an der Festplatte bzw. am Arbeitsspeicher wird dann verworfen. Der Zustand zum Zeitpunkt des Snapshots wird wiederhergestellt. Dies kann besonders für Entwicklungsabteilungen von Vorteil sein. Ein Programmierer kann so sehr schnell und einfach verschiedene System-Konfigurationen testen, jedes Mal ausgehend von einer sauberen Basis. Snapshots haben jedoch auch in der Administration einen entscheidenden Vorteil. Wird z.B. ein fehlerhaftes Update eingespielt, so kann man innerhalb weniger Minuten zum funktionierendem Zustand vor dem Update zurückkehren.

• Templates

Der Begriff Template kommt aus dem Englischen und heißt übersetzt Vorlage. In der Virtualisierung beschriebt dieser Begriff die Vorlage einer virtuellen Maschine. So kann z.B. eine fertige installierte und eingerichtete virtuelle Maschine als Vorlage zur Bereitstellung dienen. Dieses sogenannte Template hat ein installiertes Betriebsystem, Applikationen und verschiedene Konfigurationen. Bei der Bereitstellung wird dieses System bzw. diese Installation geklont und nur geringfügig angepasst (eindeutige System-IDs, System-Name, Netzwerkkonfiguration, etc.). Somit fällt die komplette

Neuinstallation weg. Dies bedeutet eine enorme Zeiteinsparung bei der Bereitstellung von neuen Systemen. Zudem kann sichergestellt werden, dass alle daraus bereitgestellten Systeme eine homogene Basis besitzen.

3.2 Nachteile der Virtualisierung

• höhere Sicherheit notwendig

In der Virtualisierung kommt dem Thema Sicherheit eine deutlich größere Bedeutung zu. Wie weiter oben erwähnt, findet aufgrund der Auslastung der Systeme Konsolidierung statt. Dies hat zur Folge, dass auf einem Host, d.h. auf einem physikalischen System, nicht mehr nur ein System läuft, sondern mehrere virtuelle Maschinen inkl. Applikationen betrieben werden. Fällt dieser Host aus, so stehen dem Anwender gleich eine Reihe von Applikationen und Diensten nicht mehr zur Verfügung. Dies kann einen weit höheren wirtschaftlichen Schaden verursachen, als der Ausfall eines Systems, wie es der Fall ohne Virtualisierung wäre.

• Komplexität steigt

Durch die Virtualisierung und die damit verbundene Einführung einer Abstraktionsschicht steigt auch die Komplexität der IT-Landschaft. Man muss sich stets vor Augen halten, dass der Ausfall eines physikalischen Hosts mehrere virtuelle Maschinen in Mitleidenschaft zieht, jedoch der Ausfall einer virtuellen Maschine keine Beeinträchtigung auf die anderen virtuellen Maschinen und den Host darstellt. Des Weiteren muss man auch die Abhängigkeiten, die z.B. durch eine falsch geplante Verteilung von virtuellen Maschinen weit komplexer sind, als ohne Virtualisierung, beachten. Beispielsweise kann es bei der Wartung eines physikalischen Hosts nötig sein, virtuelle Maschinen auch auf anderen Hosts zu stoppen, da diese in einer Verbindung zu einer virtuellen Maschine auf dem zu wartendem Host sind (z.B. ein SQL-Server der Daten für andere Systeme bereitstellt). Ebenso ist anzumerken, dass auch Bestandteile der virtuellen Maschinen wie z.B. virtuelle Netzwerkkarten und Festplatten, oder gar das Durchschleifen von physikalischen Ressourcen in die virtuelle Maschine, die Komplexität deutlich erhöhen und ein konzentriertes und pragmatisches Vorgehen beim Arbeiten voraussetzen.

• zusätzliche Software-Lizenzen und Wissen nötig

Zunächst ist hier die Lizenz für die Virtualisierungssoftware zu nennen. Diese bewegt sich zwischen 0 und mehreren Tausend Euro, je nachdem welcher Hersteller und

welches Produkt ausgewählt wurde. Während man einfache, kleine physikalische Server sehr kostengünstig, bzw. umsonst für die Virtualisierung lizenzieren kann, heben Merkmale wie z.B. Support, Cluster-Fähigkeit und Sicherheitslösungen die Preise exorbitant nach oben. Ein weiterer Punkt in der Software-Lizenzproblematik der Virtualisierung entsteht durch die Vielzahl der virtuellen Maschinen die auf einem einzelnen Host laufen können. Ihre Anzahl richtet sich nach ihrem Bedarf an den Ressourcen. I.d.R. können auf einem Mittelklasse Host zwischen 10 und 20 virtuelle Maschinen mit normalen Anforderungen betrieben werden. Diese Möglichkeit eine solch hohe Anzahl virtuellen Maschinen pro Host laufen zu lassen, verleitet viele Unternehmen dazu pro Applikation bzw. Dienst je eine virtuelle Maschine zu erstellen. Somit entfallen Komplikationen zwischen verschiedenen Applikationen bzw. Diensten. Die Folge ist jedoch eine steigende Anzahl an benötigten Lizenzen. Pro virtuelle Maschine wird eine Betriebssystem-Lizenz benötigt. Dies kann sich jedoch auch auf weitere Applikationen wie z.B. auf Backup oder Anti-Viren-Schutz erstrecken. Die durch die Virtualisierung und die damit verbundene Konsolidierung eingesparten Kosten können somit schnell wieder verbraucht werden. Zum Abschluss wäre noch das benötigte Wissen zu nennen. Es muss neben dem grundsätzlichen Verständnis für Virtualisierung ebenso Wissen über das eingesetzte Produkt (Hypervisor, Steuerungssoftware, etc.) aufgebaut werden.

4 Stand der Entwicklung

Die Systemvirtualisierung hat in den letzten Jahren große Fortschritte gemacht. Diese Fortschritte wurden sowohl im Hardware- als auch im Softwarebereich erzielt. Zunächst soll der aktuelle Stand der Hardware aufgezeigt werden. Das Theorem von Popek und Goldberg sagt aus, soll eine Hardware als virtualisierbar gelten, müssen alle privilegierten und sensitiven Befehle im Benutzermodus einen Trap auslösen. Das ist bei der x86 Architektur nicht der Fall. Wie in Punkt 2.5 aufgeführt gibt es sensitive Befehle im Benutzermodus, die keine Traps auslösen. Im Jahre 2006 führten die zwei großen Hersteller AMD und Intel neue Prozessor-generationen ein um das Popek und Goldberg Theorem zu erfüllen. In diese neuen Prozessoren ist eine Virtualisierungsunterstützung implementiert. AMD nennt sie AMD-V (auch bekannt unter dem Codenamen Pacifica) und Intel vergab den Namen VT-x (auch bekannt unter dem Codenamen Vanderpool

Technology). Die Unterstützung beider Hersteller basiert auf der Implementierung der Befehlssatzerweiterungen Secure Virtual Machine (AMD) bzw. VMX (Intel). Diese Befehlssatzerweiterungen der Prozessoren ermöglichen eine verbesserte Virtualisierung. Sie wurden von AMD und Intel voneinander unabhängig entwickelt und obwohl beide Implementierungen nach dem gleichen Grundprinzip arbeiten, sind sie zueinander nicht kompatibel. Die neuen Instruktionen dienen zur Kommunikation zwischen dem Virtual-Machine-Monitor und der virtuellen Maschine. Neu sind z.B. Befehle zum Starten und Stoppen einer virtuellen Maschine oder Funktionalität, die die Kontrolle automatisch an den Virtual-Machine-Monitor übergibt, falls die virtuelle Maschine versucht, sensitive Befehle auszuführen. Dadurch wurde eine neue Privilegierungsschicht eingeführt. AMD unterscheidet hier zwischen dem Host-Mode und dem Guest-Mode und Intel zwischen dem VMX-Root-Modus und dem VMX-Non-Root-Modus. In dem Guest-Mode bzw. VMX-Non-Root-Modus läuft jeweils das gerade aktive Gastbetriebssystem und im Host-Mode bzw. VMX-Root-Modus der Hypervisor, der die uneingeschränkte Kontrolle über die physikalischen Ressourcen besitzt. In beiden Modi stehen jeweils vier Privilegierungsstufen zur Verfügung. Dadurch kann das Gastbetriebssystem volle vier Ringe nutzen und muss nicht modifiziert werden. Es kann ebenso wenig herausfinden, ob es virtualisiert wird. Führt es nun im Guest-Mode bzw. VMX-Non-Root-Modus einen privilegierten Befehl aus, so führt dies zum Umschalten in den Host-Mode bzw. VMX-Root-Modus, wo der Hypervisor überprüfen kann, ob diese Operation legitim ist. Um die Virtualisierung zu aktivieren und einen Wechsel zwischen den beiden Modi zu ermöglichen wurden, wie bereits erwähnt Erweiterungen an dem Befehlssatz der x86 Architektur vorgenommen. Folgende Grafik soll den Ablauf dieser Systematik aufzeigen (AMD Befehlssatz):

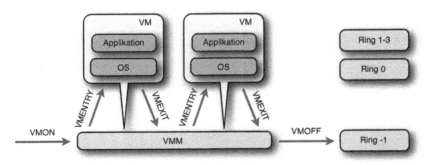

Abb. 6: Zeitlicher Ablauf der Virtualisierung

Mit dem Befehl VMON wird der Virtualisierungsmodus des Prozessors eingeschaltet. Der Hypervisor und somit der Virtual-Machine-Monitor bekommt als privilegiertes Betriebssystem die Kontrolle. Sie befinden sich nun im Host-Mode und haben vier Ringe zur Verfügung, in der Abbildung als Ring -1 zusammengefasst. Mit dem Befehl VMENTRY kann nun der Virtual-Machine-Monitor die Kontrolle an das Gastbetriebssystem übergeben. Führt dieses privilegierte Befehle aus, so werden diese zwangsweise zu einem Rücksprung zum Virtual-Machine-Monitor führen. Mit dem Befehl VMEXIT kann das Gastbetriebssystem die Kontrolle aber auch freiwillig abgeben. Durch den Befehl VMOFF wird der Virtualisierungsmodus wieder verlassen. Danach sind wieder nur noch vier Privilegierungsstufen aktiv. Dank dieser Implementierung muss der Hypervisor nicht mehr jeden Befehl des Gastbetriebssystems überwachen, was zu einer deutlichen Performancesteigerung führt.[10, 11, 12]

Neben den zusätzlichen Implementierungen für eine bessere Virtualisierung des Prozessors haben beide Hersteller AMD und Intel auch Unterstützung für die Virtualisierung von Speicher eingeführt. Der Firma AMD gelang das aufgrund des in den Prozessor integrierten Speicher-Controllers bereits mit der Einführung von AMD-V. Intel konnte sein Konzept erst 2008 mit der Einführung der Nehalem Prozessoren realisieren. Bei die Virtualisierung musste ebenfalls die Speicherarchitektur virtualisiert werden. Das ergibt eine 3-fache Umsetzung: virtuelle Adresse --> reale Adresse --> physikalische Adresse. Eine solche 3-fach Indirektion inkl. Rückkehr vom Gastbetriebssystem zum Virtual-Machine-Monitor würde jedoch viel Zeit beanspruchen und somit Performance kosten. Bisher behalf man sich in der Virtualisierung mit so genannten Schattentabellen. Diese Tabellen beinhalten direkt die Zuordnung von virtuellen Adressen zu physikalischen Adressen und werden bei jedem Wechsel zwischen den virtuellen Maschinen vom Hypervisor ausgetauscht. Diese Umsetzung wird nun mit den Technologien Nested Paging (AMD) und Extended Page Tables (Intel) direkt in der Hardware ausgeführt. Diese zusätzliche Tabellen beinhalten Informationen, durch die reale auf physikalischen Adressen abgebildet werden können. Zusätzlich berücksichtigen sie auch, welches Gastbetriebssystem gerade aktiv ist. In Folge dessen müssen nur noch die Gastbetriebssysteme ihre gewöhnlichen Speichertabellen verwalten und der Virtual-Machine-Monitor muss nicht mehr eingreifen.[10, 13]

Der Fortschritt ist jedoch nicht nur in der Hardware festzustellen. Auch die Virtualisierungssoftware hat große Fortschritte gemacht. Es werden mittlerweile eine

Vielzahl von Gastbetriebssystemen unterstützt. Dies fängt bei alten Betriebssystemen wie MS-DOS 6.22 an und geht bis hin zu Windows 7. Der Marktführer VMware wirbt mit über 200 unterstützten Betriebssystemen.[14] Aber auch neue Sicherheitskonzepte konnten durch die Virtualisierung verwirklicht werden. Mehrere Host-Systeme konnten zu einem Cluster zusammengeschaltet werden, um einem Ausfall entgegenzuwirken und die Performance zu bündeln. So kann eine dynamische Verteilung während der Laufzeit der virtuellen Maschinen zwischen den einzelnen Host-Systemen erfolgen, um über die Host-Systeme hinweg eine ausgeglichene Auslastung zu erreichen. Zudem kann ein solches Cluster den Ausfall einen Host-Systems selbstständig abfangen, indem es für diesen Fall freie Ressourcen zurückhält und dann bei Bedarf die virtuellen Maschinen des ausgefallen Hosts auf die verbliebenen Hosts aufteilt. Es solches Cluster kann jedoch auch helfen, Energie zu sparen. Dank der dynamischen Verteilung der virtuellen Maschinen kann das Cluster in schwach beanspruchen Zeiten wie z.b. nachts alle Maschinen auf einem Host unterbringen, da deren Ressourcenbedarf auf ein Minimum sinkt und dann die übrig gebliebenen, mittlerweile leeren Host-Systeme, in den Stand-by-Modus setzen. Sollte der Ressourcenbedarf wieder steigen, werden die Host-Systeme nach und nach wieder einsatzbereit gemacht und die virtuellen Maschinen wieder auf ihnen verteilt.

5 Anwendungsbereiche der Virtualisierung

Ziel dieses Kapitels ist, die möglichen Anwendungsbereiche der Virtualisierung aufzuzeigen. Es wird dabei differenziert zwischen dem Geschäfts- und Privatbereich.

5.1 Anwendung im Geschäftsbereich

· Konsolidierung im Rechenzentrum

Dank der Konsolidierung können große Serverlandschaften stark reduziert werden. Dies spart nicht nur Platz und den Administrationsaufwand, sondern hat auch positive Auswirkungen auf den Energieverbrauch. Weitere positive Eigenschaften sind die reduzierten Anschaffungs- und Wartungskosten sowie die benötigte Kühlleistung. Des Weiteren können ebenfalls die physikalischen Anbindungen in das Organisations-netzwerk auf den tatsächlich benötigten Bedarf verringert werden.

• Testsysteme

Die Virtualisierung kann auch sehr gut für Testsysteme eingesetzt werden. So kann z.b. eine neue Version des Warenwirtschaftssystems mit den vorhandenen Daten gefüllt werden und virtualisiert parallel getestet werden.

• Notfallsysteme

Denkbar ist eine virtualisierte Umgebung als ein Notfallsystem. Beispielsweise können physikalisch betriebene, geschäftskritische Systeme auf ein Host-System als ein Klon konvertiert werden, um im Falle eines Ausfalls die benötigten Dienste zur Verfügung zu stellen. Kann dies im Ernstfall auch unter der Prämisse von eingeschränkter Leistungsfähigkeit erfolgen, so kann kostengünstig eine Lösung mit nur einem Host-System erfolgen.

• Weiterführung alter Applikationen

Unter gewissen Umständen wird es in einem Unternehmen nötig werden, eine ältere Software weiter einzusetzen. Durch die Abhängigkeit einer Applikation zu einem Betriebssystem bzw. seiner Version, kann sich das ohne Virtualisierung als schwer erweisen. Es muss ein zusätzlichen System aufgebaut werden, welches man wahrscheinlich auflösen wollte. In der Virtualisierung kann das Problem jedoch relativ einfach innerhalb einer virtuellen Maschine ohne zusätzliche physikalischen Ressource realisiert werden.

• Entwicklung

Bei der Entwicklung neuer Software kann die Virtualisierung sehr vorteilhaft sein. Auf einem einzigen Host-System können mehrere Kombinationen von Betriebssystemen und Applikationen als Testsystem aufgebaut werden. Zusätzlich lassen sich diese Umgebungen z.B. mit Snapshots relativ schnell für einen neuen Test zurücksetzen.

• Konsolidierung auf Arbeitsplatzebene

Neben der Möglichkeit der Konsolidierung von Serverlandschaften kann eine Konsolidierung auch auf Arbeitsplatzebene verfolgt werden. Viele Arbeitsplatz-PCs sind mit den Office Applikationen nicht ausgelastet und produzieren nur unnötig Lärm und Abwärme. Diese Arbeitsplätze können zentral im Rechenzentrum virtualisiert werden und an den Arbeitsplätzen z.B. mit Thin-Clients ersetzt werden. Auch hier ergibt sich ein wirtschaftlicher Vorteil aufgrund von geringeren Anschaffungs- und Wartungskosten, ebenso wie durch den geringeren Energieverbrauch.

5.2 Anwendung im Privatbereich

• Testsystem

Wie auch im geschäftlichen Umfeld ist es manchmal auch im Privatbereich von Vorteil, eine Applikation erst in einem dedizierten System zu testen. Dies kann aufgrund der auch mittlerweile stark verbreiteten performanten Hardware auch im Privatbereich möglich gemacht werden. Hierzu wird spezielle Virtualisierungs-software von den Herstellern angeboten.

• Hardwarewechsel

Die Virtualisierung kann auch bei einem Hardwarewechsel, z.B. durch einen Neukauf eines PCs, hilfreich sein. Der alte PC kann in eine virtuelle Maschine konvertiert werden und auf das neue System übertragen werden. Dort kann sie dann mit einem Hypervisor vom Typ 2 parallel bei Bedarf gestartet werden und somit eine sanfte Migration auf das neue System ermöglichen.

6 Zusammenfassung

Der Hype um die Virtualisierung reißt nicht ab. Ihm zugrunde liegt die steigende Verbreitung von x86 Prozessoren mit Virtualisierungsunterstützung, ebenso wie die Tatsache, dass viele Virtualisierungslösungen zumindest für den nichtkommerziellen Gebrauch kostenlos verfügbar sind. Dank der Unterstützung seitens der Prozessorhersteller entfällt die Notwendigkeit, Betriebssysteme bzw. ihren Kernel anzupassen bzw. sie aufwendig während ihrer Laufzeit zu überwachen.

So wird die Virtualisierung von x86 Systemen auch für Privatanwender interessant und kann somit den Sprung in den Massenmarkt vollziehen. Ihre Vorteile sind vielfältig und der gering höhere Verbrauch an Ressourcen ist dank ständig steigender Leistungsfähigkeit der Hardware zu vernachlässigen.

Mittlerweile hat auch der Softwaregigant Microsoft mit seiner Lösung „Hyper-V" den Virtualisierungsmarkt für sich entdeckt. 20 Jahre nachdem Microsoft mit Windows das Multitasking in den Massenmarkt eingeführt hat, ist es heute für uns selbstverständlich geworden. Ob die gleichzeitige Ausführung mehrerer Instanzen eines Betriebssystems genau so eine Entwicklung vollziehen wird, liegt zumindest im Bereich des Möglichen. Förderlich, wenn nicht unabdingbar, wäre jedoch, dass Standards geschaffen werden (z.B. offene Schnittstellen zwischen dem Hypervisor und der virtuellen Maschine). Aber

auch die Terminologie der verschiedenen Technologien und Merkmale sollte vereinheitlich werden. Beides dürfte jedoch aufgrund des aggressiven Kampfes der Hersteller auf dem Markt nicht einfach sein, ohne das diese ihre Einstellungsmerkmale, selbst wenn nur in der Begrifflichkeit, verlieren.

Im Geschäftsumfeld ist die Virtualisierung jedoch nicht mehr wegzudenken. Die wirtschaftlichen Einsparungsmöglichkeiten sind enorm. Aber auch in Punkten wie Wartungsfreundlichkeit, Stabilität und Sicherheit hat die Virtualisierung große Stärken. Aufgrund dessen ist die Systemvirtualisierung ausserhalb der x86 Welt schon lange eine Selbstverständlichkeit. Über kurz oder lang dürfte ein Hypervisor aber auch zum festen Bestandteil von x86 Umgebungen werden.

Literaturverzeichnis

[1] Gerald J. Popek und Robert P. Goldberg (1974), Formal requirements for virtualizable third generation architectures, in: Communications of the ACM, S. 412 - 421.

[2] Andrew S. Tanenbaum (2006), Moderne Betriebssysteme, München: Pearson Studium.

[3] Sven Ahnert (2009), Virtuelle Maschinen mit VMware und Microsoft, München: Addison-Wesley Verlag.

[4] Jingli Xu (2009), Virtualisierung als Möglichkeit der Optimierung des IT-Management, Hamburg: IGEL Verlag.

[5] IBM (2005), Virtualization, Armonk: International Business Machines Corporation.

[6] Thomas Müller (2008), Trusted Computing Systeme, Berlin Heidelberg: S p r i n g e r Verlag.

[7] J.E. Smith, R. Nair (2005), Virtual machines – Versatile Platforms for Systems a n d Processes, San Francisco: Elsevier.

[8] John Scott Robin and Cynthia E. Irvine (2000), Analysis of the Intel Pentium's Ability to Support a Secure Virtual Machine Monitor, in: Proceedings of the 9th USENIX Security Symposium, Denver.

[9] Rakesh Kumar, Simon Mingay (2008), How IT Management Can "Green" the Data Center, Gartner RAS Core Research Note G00153396.

[10] AMD (2005), Secure virtual machine architecture reference manual, Sunnyvale: Advanced Micro Devices.

[11] Gil Neiger, Amy Santoni, Felix Leung, Dion Rodgers und Rich Uhlig (2006), Intel virtualization technology: Hardware support for efficient processor virtualization. in: Intel Technology Journal, Band 10 Ausgabe 3.

[12] Rich Uhlig, Gil Neiger, Dion Rodgers, Amy L. Santoni, Fernando Martins, Andrew Anderson, Steven Bennett, Alain Kaegi, Felix Leung und Larry Smith (2005), Intel virtualization technology, IEEE Computer Society.

[13] Nikhil Bhatia (2009), Performance Evaluation of Intel EPT Hardware Assist, Palo Alto: VMware.

[14] VMware (2009), URL: http://www.vmware.com/de/products/ws/